Idole des Zwanzigsten Jahrhunderts.

VIII. Moral ohne Religion; Religiös-wissenschaftliche Vorträge

Otto Cohausz

Alpha Editions

This edition published in 2022

ISBN : 9789356703940

Design and Setting By
Alpha Editions
www.alphaedis.com
Email - info@alphaedis.com

Contents

Moral ohne Religion.

Die *religiösen* Werte hat die »Moderne« zum Teil verworfen, der *moralischen* kann sie nicht entraten, denn der tugendhafte Mensch bleibt ja ihr Ideal; da die »Götter für sie tot sind«, soll der »Übermensch leben«. Um den tugendhaften Menschen heranzubilden, bedarf sie aber der Tugendlehre. Wohl lehrt auch das Christentum Tugend und Moral. Aber das steht ja einmal bei den Neueren fest, daß Christliches sie nicht mehr beglücken kann. Darum sucht man nach neuen ethischen Gesetzen.

So uneinig man nun auch in der Aufstellung neuer moralischer Werte sein mag, in einem Punkte trifft man zusammen: darin, daß eine reinliche Trennung von Moral und Religion vorgenommen werden muß.

Gott ist der christlichen Moral Kern und Stern; er ist die letzte Norm der christlichen Moral, er ihr letzter Verpflichtungsgrund und ihre allein durchschlagende Werbekraft. Nach allen drei Beziehungen soll Gott ausgeschaltet und die neue Ethik auf sich selbst gestellt werden. Unmögliche Forderungen!

I. Gott allein ist die letzte Norm der Moral.

Auf die Frage: warum ist etwas gut, z. B. die Heiligung des Sabbats und die Ehrfurcht vor den Eltern, und warum ist etwas, z. B. Unzucht und Diebstahl, schlecht? antwortet der Christ wohl zuerst: weil Sabbatheiligung und Elternliebe von Gott geboten und weil Unzucht und Diebstahl von ihm verboten wurden. Sein nächstliegendes Unterscheidungsmerkmal findet er also in den »Zehn Geboten«. Er geht darin sicher; denn, was Gott geboten, kann nicht sittlich schlecht, und was er verboten, nicht sittlich gut sein. Diese Norm ist zwar nicht die letzte objektive, wie später gezeigt werden wird, aber doch die praktisch brauchbarste, weil nächstliegende.

Die Moderne will dieses Kriterium, weil es in einem »Fremdwillen« und auf »religiösen Verpflichtungen« beruht, nicht gelten lassen. »O, meine Brüder, zerbrecht mir die alten Tafeln!« so hat einer der Gewaltigsten gesprochen (Nietzsche, Zarathustra »Von alten und neuen Tafeln«), und abermals klirren die Trümmer des Gottesdokumentes am Felsen. Moses zerbrach die zwei Tafeln, weil sie ihm für das sündige Volk zu heilig schienen, die Moderne entledigt sich ihrer, weil sie ihr sittlich nicht hoch genug stehen.

Aber was will sie denn an ihre Stelle setzen? Wonach soll denn unsere Zeit entscheiden, was gut und was bös ist?

Chaotisch fluten die Antworten auf diese Frage durcheinander. »Sittlich gut ist«, sagt uns der Prophet des Übermenschen, »was den Willen zur Macht fördert«, und »sittlich gut ist«, sagt uns im Gegenteil ein Schopenhauer, »was aus Mitgefühl mit andern hervorgeht«. »Sittlich gut ist«, sagt uns ein Kant, »was aus reinem Pflichtgefühl hervorgeht«, und »sittlich gut ist«, sagt ein De la Mettrie, »nur das und alles das, was mit Lust und aus Lust verrichtet wird«. »Sittlich gut ist«, sagt ein Reid, »was am gesunden Menschenverstand gemessen wird«, und »sittlich gut«, sagt ein Shaftesbury, »ist das, was mit dem moral sense übereinstimmt«. »Sittlich gut«, nennt der gestrenge Fichte das, »was das Ich vervollkommnet«, und »sittlich gut« nennt der zynische Helvetius alles das, »was den Sinnenkitzel fördert«. »Sittlich gut« ist dem Egoisten Stirner alles, »was das Ich hebt, unbekümmert um das Wohlergehen anderer«, und als »sittlich gut« bezeichnete ein John Stuart Mill, ein Laas, ein Lotze nur das, »was das größtmöglichste Glück der größtmöglichsten Zahl hervorzaubert, unbekümmert um das Schicksal des einzelnen«. »Sittlich gut« handelt nach Wundt und Paulsen, »wer immer auf Steigerung der Kultur hindrängt«, »sittlich gut« handelt nach Eduard von Hartmann, »wer zur schnellen Weltvernichtung beiträgt«.

So setzt der eine anstelle des Dekalogs das eigene Ich, der andere die Gesamtheit, der eine die Lust, der andere den Schmerz, der eine den trockenen Verstand, der andere das ewig schwankende, unstet tosende

Gefühl. »Man braucht nur«, sagt Förster (Autorität und Freiheit, S. 46 ff.), »an die Fülle widerstreitender Theorien in der sexuellen Reformliteratur zu denken, um vorauszusehen, daß es künftig auf dem Gebiet einer konsequent weltlichen Laienethik noch unvergleichlich mehr Meinungsverschiedenheiten geben wird als auf dem Gebiete des religiösen Glaubens ... Wir lernen heute anschaulich kennen, was aus Ethik und Religion wird, wenn »die Menschen sie machen«, das unerlöste Individuum kommt darin so gründlich zu Wort, daß von Religion und Ethik nicht viel übrig bleibt«. Und es bleibt, um mit R. Eucken (Geistige Strömungen der Gegenwart, S. 324) zu reden, »nur die Tatsache festzustellen, daß unsere Zeit überhaupt einer ihre innersten Bedürfnisse befriedigenden Moral entbehrt ...« und daß ein »solcher Mangel an der eigenen Moral die Kraft der Moral in unserer Zeit herabsetzt«, – eine Tatsache, die allerdings nicht sehr zu Gunsten der von den Zehngeboten losgelösten neuen Moral spricht.

Diese vom sichern Fundament des Zweitafelgesetzes losgelöste Moral muß Unsicherheit und Verwirrung in alle Kreise tragen. Sie ist ja nicht eine rein theoretische Wissenschaft, sondern eine Lebensnorm.

Der *einzelne* will zu einer moralischen Größe sich heranbilden; wie kann er es? Will er, mit Kant dem kategorischen Imperativ folgend, etwa auf eine Neigungsheirat verzichten, dann ruft ihm ein Helvetius zu: Du handelst unmoralisch; denn schlecht ist es, der Lust nicht zu folgen, und geht er mit Helvetius der Neigung nach, dann erhebt der Weise von Königsberg energisch Einsprache gegen sein Tun. Öffnet er, von Schopenhauers Mitleidstheorien beeinflußt, den Notleidenden seine Börse, dann schleudert Nietzsche ihm das Anathem entgegen, weil es unmoralisch sei, das Schwache zu stützen, und glaubt er nun Nietzsche, dann hat er Schopenhauer zum Gegner. So kommt er nie zum Handeln; denn wer will ihm sagen, welche von den sich bekämpfenden Lehren die wahre ist? Alle bieten dieselbe Gewähr, weil alle den Köpfen einzelner entspringen.

»Diese Wirkung«, bemerkt Förster wiederum treffend (a. a. O. S. 47), »machen sich die Gegner der religiösen Autorität auch nicht annähernd klar ... Kann ich mich denn selbst erziehen, mich beherrschen und enthalten, wenn alle sittlichen und religiösen Lehren nur individuelle Hypothesen sind? Warum soll ich diesen Hypothesen mehr glauben als meinen eigenen individuellen Einfällen? So mische ich mir aus Gutem und Bösem, Wahrem und Falschem meine eigene Ethik, die mit den Leidenschaften wechselt, welche in meiner Seele den Vorrang gewinnen, und die den Zeitmoden folgt, die gerade im Schaufenster des Buchhändlers mein Auge treffen. Vom Standpunkt des Pilatus: »Was ist Wahrheit?« ist jedenfalls keine Charakterbildung möglich.«

In welch verzweifelte Situation die *Pädagogik* durch diese neue Moral versetzt wird, ist auch klar. Will man es dem einzelnen Lehrer überlassen, sich eines der neuen Moralsysteme zu wählen und darnach seine Schüler zu unterrichten, dann wird in der einen Schule bald die luststeigernde Unsittlichkeit, in der andern die das Übermenschtum fördernde Gewalttat, in einer dritten der das größtmöglichste Glück der größtmöglichsten Zahl bewirkende Tyrannenmord als sittlich gut verteidigt usw. und in der andern all das als verwerflich verurteilt. Welch eine Generation würde da heranwachsen!

Will man aber den Lehrern eine bestimmte Norm vorschreiben, dann fragt es sich wiederum: »Welche?« Und mit welchem Recht verwirft man die anderen? Lehr*zwang* wäre ja nach der Neuethik unmoralisch!

Nicht erfreulicher als auf dem Gebiet der Pädagogik würde sich das Bild im *Gerichtswesen* gestalten.

Man will einen Lustmörder verurteilen – aber mit Helvetius wird er beweisen, daß er eine eminent moralische Tat, weil luststeigernd, beging; man will einen Hochstapler gefangen setzen – aber mit Stirner und Nietzsche wird er dartun, daß er durchaus richtig handelte, weil er den »Willen zur Macht« betätigte; man will den Königsmörder belangen – aber der Mob wird ihn als Märtyrer preisen weil er dem Volkswohl die treffendsten Dienste erwies. Wie wäre eine Rechtsprechung möglich?

Selbstbildung, Erziehung, Gesetzgebung und Rechtsprechung erfordern gebieterisch eine einheitliche Norm für gut und bös – die Neuethik gibt sie nicht, damit ist ihre *praktische Unbrauchbarkeit* erwiesen.

Aber auch die *theoretische Überlegung* findet in den modernen Moralsystemen, so manche unbestreitbare Wahrheit sie auch in sich bergen mögen, ihr völliges Genügen nicht.

Ein so buntscheckiges Durcheinander die moralischen Normen der Gegenwart auch dem Auge darbieten mögen, so lassen sich doch zwei Hauptgruppen nicht übersehen: es gibt *subjektive Maßstäbe* der Sittlichkeit und *objektive*; subjektive, d. h. im Subjekt, im Menschen liegende und objektive, d. h. aus den Dingen, die zum Menschen in Beziehung stehen, sich ergebende.

Die subjektiven Moralprinzipien sind darin einig, daß sie die Gutheit oder Schlechtigkeit einer Handlung aus der Übereinstimmung oder Nichtübereinstimmung mit einem Sittenrichter *in uns* herleiten, in der näheren Bestimmung dieses Sittenrichters gehen sie aber auseinander. Shaftesbury, Hutcheson, Jacobi, Schuppe, Höffding u. a. verlegen diesen Sittenrichter in den moralischen Sinn, Ad. Smith und Schopenhauer dagegen in das Mitgefühl, Herbert glaubt ihn im sittlichen Geschmack entdeckt zu haben, Reid im gesunden Menschenverstand, Kant dagegen im kategorischen Imperativ.

Nach der ersten Gruppe bedürfen wir also gar keiner langen Untersuchungen über das, was erlaubt und was unerlaubt ist; ein angeborener Instinkt – der *moral sense* – sagt es uns sofort; aber zunächst ist es unbewiesen, daß ein solch moralisches Gefühl besteht, und wenn es bestände, so bliebe stets noch die Frage offen: Wie kommt es denn, daß diesem moralischen Sinn die einen Handlungen gefallen und andere Unbehagen erwecken? Entweder sagt man: weil Gott die Natur so eingerichtet hat – dann kommt man auf die theistische Ethik schließlich wieder hinaus; oder man sagt: weil der moralische Sinn Lust empfindet bei guten Handlungen, Unlust bei bösen – dann verfällt man dem später zu würdigenden Hedonismus; oder man antwortet: dem moralischen Sinn gefallen die einen Handlungen, weil sie das eigene und fremde Wohlergehen fördern – es mißfallen ihm andere, weil sie das Gegenteil bewirken – dann hat man wiederum die rein subjektive Norm verlassen und sich aus seiner Verlegenheit an das Ufer des Eudämonismus gerettet. Der moral sense versagt.

Ebenso Schopenhauers *Mitgefühl*. Denn, wenn nur das sittlich gut ist, was aus Mitleid mit andern geschieht, dann ist schlecht jede Handlung der Gerechtigkeit, Reinheit, Geduld, Mäßigkeit und Liebe – wer wollte das aber behaupten?

»Gut«, sagt Kant, »ist nur das, was aus *reinem Pflichtgefühl* entspringt und dem kategorischen Imperativ entspricht.« Aber der kategorische Imperativ ist eine willkürliche Annahme, und, wenn nur das gut ist, was nicht aus Neigung, sondern nur der Pflicht willen geschieht – dann ist unsittlich die Tat der barmherzigen Schwester, die aus Liebe sich dem Krankendienste weiht, unsittlich die Tat des Kühnen, der aus Mitleid den Ertrinkenden aus den Fluten ans Land holt, unsittlich die Tat des Heiligen, der aus Gottesliebe sein Ich gänzlich opfert, dann war unsittlich die Tat des Gottessohnes, da er aus Liebe zu uns sein Leben dahin gab. Ein solches Prinzip aufstellen, heißt das Edelste, Erhabenste aus dem ethischen Gebiet verweisen und die größten Helden der Menschheit zu Dämonen stempeln.

Das sah man ein, darum kehrte man zu den *objektiven* Normen zurück; man nannte sittlich gut entweder das Lustversprechende oder das Nützliche oder das Fortschritt Verheißende und unterschied demnach den ethischen *Hedonismus*, den *Utilitarismus* und den *Progressismus*. Aber auch diese reichen nicht aus.

Nicht der *Hedonismus*; denn, wenn das sittlich gut ist, was die Lust, zumal die Sinnenlust fördert, dann ist gut Müßiggang und Schwelgerei, Ehebruch und Lustmord, dann sind alle Laster zu Tugenden geworden und ernste Tugenden, wie Entsagung, Reinheit, zu Lastern.

Will man ferner dem *Utilitarismus* gemäß das, was nützlich ist, als moralisch gut bezeichnen, so steht man vor der Alternative, entweder alles, was irgendwie nützt, so zu werten, oder eine Auswahl zu treffen. Alles, was irgendwie nützt, kann nicht moralisch gut sein; denn der Raubmord nützt zum Gelderwerb, Ausschweifung, Rachsucht zur Lusterregung, und doch wird es keinen ernsten Denker geben, der sie nicht als verwerflich brandmarkt.

Man muß also unter dem Nützlichen eine Auswahl treffen, man kann nur das als gut bezeichnen, was zu einem guten Zweck dient – dann fragt es sich aber: Wie kommt es, daß dieser Zweck ein guter, ein anderer ein schlechter ist? So muß ich eine andere Norm zu Rate ziehen.

Fast dasselbe läßt sich von dem dritten System, dem *Progressismus*, sagen. »Gut ist, was dem Fortschritt dient«; ja, ist aber jeder Fortschritt gut? – auch der Fortschritt des Übermenschen, der das Herdenvolk mit Füßen tritt? Und worin besteht der Fortschritt? In Steigerung der Wissenschaft oder in Anhäufung des Volksvermögens oder in der Kunst? Und warum sind denn Wissenschaft, Volkswohl und Kunst gut? Alle diese Maßstäbe sind zu dehnbar, zu unsicher.

Näher kommt man der Wahrheit, wenn man den Fortschritt in die *harmonische Ausbildung* des Einzelmenschen und der Gesamtheit verlegt. »Menschheit lebe so, wie es deiner Natur und Würde entspricht«, lautet darum eine andere Formulierung des sittlichen Grundgesetzes. (Zeller.)

Einverstanden, wenn man die menschliche Natur in *ihrer ganzen Eigenart* und *all ihren Beziehungen*, d. h. als Teil des Ganzen erfaßt. Seiner Natur nach ist der Mensch ein geistig-sinnliches Wesen, der Geist aber steht höher als das sinnliche Element, darum hat der Geist die Triebe zu regeln, zu lenken; der Mensch ist seiner Natur nach Bruder vieler Brüder, darum hat er den Mitmenschen in allem gerecht zu werden; der Mensch ist seiner Natur nach Geschöpf des einen wahren Gottes, darum kann er Gott nicht übersehen, sonst handelt er naturwidrig. Soweit die ihm gewordene Natur sich erstreckt, so weit auch die auf der Natur fußende Pflicht.

Will der Mensch nun seiner *eigenen Würde* gerecht werden, so hat er sich vor dem Übergewicht des Sinnlichen zu hüten, er hat seine Triebe nach dem Willen der geordneten Natur zu regeln, Eßtrieb und Trinklust, sexuelle Neigung und Zornesempfinden, er hat also keusch, mäßig und sanftmütig zu leben.

Will er der *sozialen* Eigenart seiner Natur entsprechen, so hat er den Urhebern seines Lebens, den Eltern, sich anzupassen, hat die höhere Autorität des staatlichen Verbandes zu achten, hat er Eigentum und Leben zu schonen und, weil aus dem ungerechten Begehren die unheilvolle Tat aufflammt, auch innere Neigungen zu unterdrücken.

Will der Mensch aber nicht den wichtigsten Teil seiner natürlichen Stellung übersehen, so hat er sich auch *dessen zu erinnern*, dem er alles verdankt, seines Schöpfers, hat ihn anzuerkennen und seinen Forderungen zu entsprechen.

Was will das aber alles anderes sagen als das: Du sollst keine fremden Götter neben mir haben, gedenke, daß du den Sabbat heiligest, du sollst Vater und Mutter ehren, du sollst nicht töten, nicht ehebrechen, lügen und stehlen, du sollst nicht begehren deines Nächsten Weib noch alles, was sein ist? So führt die Unzulänglichkeit der modernen Moral ganz von selbst zu den Forderungen zurück, die sie zu ersetzen versprach, zu den Forderungen der zwei Tafeln Moses. Keine Ethik, die das menschliche Leben vernunftgemäß zu ordnen gedenkt, wird an den zehn Geboten vorbei und über sie hinauskommen. Nicht aus Willkür gab der Höchste diese Gesetze, sondern weil er sah, daß ohne sie nur chaotische Anarchie die Völker beherrschen wird.

II. Gott allein ist der letzte Verpflichtungsgrund der Moral.

Zwanglos wie die Moderne sein will, sucht sie auch den Zwang aus der Moral zu entfernen. Handeln aus Neigung, aus Achtung vor der Persönlichkeit, nicht aus irgendwelchem Druck, das ist ihre Lieblingsidee, eine Idee, die in gleicher Weise der Psychologie der ethischen Ordnung wie ihrer Geschichte sich entgegenstellt.

Mit vollem Recht bemerkt Eucken dem gegenüber: »Unter Moral hatten wir uns gewöhnt an die Anerkennung einer *willkürentzogenen* Ordnung, an *die Hochhaltung von Pflicht und Gewissen zu denken.* Was aber der aesthetische Subjektivismus mit seiner »neuen Ethik« bietet, ist nichts anderes als ein feinerer Epikuräismus, als ein Selbstgenuß des Individuums, das sich von aller Hemmung frei weiß.« (A. a. O. S. 337)

Eine auch nur oberflächliche Analyse des ethischen Lebens der Völker ergibt allerdings als unantastbares Wahrheitsgut die eine Tatsache, daß das Sittengesetz nicht etwa ein »ich möchte von Dir« oder »ich rate Dir«, sondern ein »ich *will*«, »Du sollst« gebieterisch ausspricht, daß es auch gegen die Neigungen sich durchsetzt. »Gut im moralischen Sinne«, sagt Paulsen (Syst. d. Ethik I[8] S. 342), »ist ein Handeln, dessen Motiv die Achtung vor der Pflicht ist. Die Erfüllung der Pflicht liegt aber, wie es scheint, nicht eben in der Richtung des natürlichen Willens. Im Gegenteil: Pflicht ist, wie die Wortbedeutung es einschließt, was man nicht gern tut; was man aus Neigung tut, ist nicht Pflicht ... zwischen Pflicht und Neigung ist Widerstreit; das Pflichtgefühl tritt der Neigung entgegen, abnehmend oder antreibend vor der Tat, strafend oder billigend nach der Tat. Das Gewissen stellt sich im Selbstbewußtsein nicht als der Ausdruck des natürlichen Eigenwillens dar, sondern eines *fremden*, eines *höheren Willens*, dem der eigene Wille sich beugt oder wenigstens sich zu beugen eine innere Nötigung fühlt: ein Sollen tritt in der Pflicht ... dem bloßen Wollen gegenüber. Und aller eigentlich moralischer Wert scheint nun eben darauf zu beruhen, daß das Wollen dem Sollen sich unterordnet.«

Und unter dem Druck dieses »Du sollst« steht die ganze Menschheit. »Nun findet«, sagt Kant, »jeder Mensch in seiner Vernunft die Idee der Pflicht und zittert beim Anhören ihrer ehernen Stimme, wenn sich in ihm Neigungen regen, die ihn zum Ungehorsam gegen sie versuchen«. (Kl. Schr. IV, 14.)

Die Geschichte und persönliche Erfahrung geben ihm Recht. »Ob wir moralisch gut handeln wollen oder nicht, ist uns nicht freigestellt, sondern das Sittengesetz zu beachten fühlen wir uns verpflichtet.« In dem Satz sind alle Moralphilosophen einig, mögen sie nun zu den Peripatetikern zählen oder zu den Stoikern, mögen sie mit Cicero und Seneka in Rom doziert haben oder mit Fichte und Schleiermacher in Berlin, mögen sie mit Darwin und Spenzer auf evolutionistischem Standpunkt stehen oder mit Lotze, Laes, Ihering zum Prinzip des Allgemeinwohles sich bekennen.

Das Bewußtsein, verpflichtet zu sein, ist eine der allgemeinsten Tatsachen der Menschheit.

Sie ist aber auch die *notwendigste* Voraussetzung einer moralischen Ordnung. Das »sittliche Handeln nur aus Neigung« mag sich in der Theorie recht schön ausnehmen, aber »nur ein grenzenloser, man möchte sagen, kindlich naiver Optimismus, den man liebenswürdig nennen möchte, wenn er nicht mit seiner die Halbgebildeten bestechenden Flachheit gefährlich wäre, kann wähnen, daß man dem Menschen nur schrankenlose Freiheit zu gewähren brauche, um das ganze Leben zu seliger Harmonie zu führen.« (Eucken a. a. O. S. 337.)

Nur zu wahr! Wie oft liegen Neigung und ethische Anforderung miteinander in Konflikt! Man denke doch nur an die Kämpfe auf sexuellem Gebiet! Was ist es, daß die Jugend noch von dem Genuß so sehr lockender, aber verbotener Früchte fernhält, wenn nicht das eine: Du *sollst* enthaltsam sein? Und was ist es, daß Gatten und Gattin trotz aufflammender entgegengesetzter Neigung zum häuslichen Herd zurückdrängt, wenn nicht das eine: Du *darfst* nicht untreu sein? Was ist es, was den Kapitän zwingt, auf dem sinkenden Dampfer bis zu allerletzt auszuhalten und so sich dem Tode zu weihen, wenn nicht die Pflicht? Und was ist es, das beim Kriegsruf die ganze Mannschaft des Landes trotz Gatten- und Vaterliebe ins Feuer treibt, wenn nicht wiederum die Pflicht? »Die Pflicht ruft«, und alle Neigungen und Sonderinteressen verschwinden. Nur sie bringt Halt und Festigkeit, Einmütigkeit und Ordnung ins Leben.

Das Pflichtbewußtsein *existiert überall* und es ist *notwendig überall.* Das sind also zwei Tatsachen, an denen nicht gerüttelt werden kann.

Wie aber kam das Sollen ins menschliche Wollen? »O Pflicht«, ruft Kant aus, »der du nichts Beliebtes und, was Einschmeichelung mit sich führt, in dir fassest, sondern Unterwerfung verlangst und … ein Gesetz aufstellst …, vor dem alle Neigungen verstummen …, welches ist der deiner würdige Ursprung?« (Kr. d. pr. V. I T. 1 B. III. Reclam, S. 105.)

Das Christentum beantwortete diese Frage mit dem Hinweis auf Sinais Höhen. Gott war es, der dort an den Menschen herantrat und ihm sein »Ich bin der Herr dein Gott, du sollst … du sollst nicht« wiederum einschärfte.

Gott der Urheber der Verpflichtung, das ist allerdings eine Erklärung, die allseits befriedigen muß; denn wo eine Verpflichtung ist, da muß zunächst ein Verpflichtender sein. Forderungen werden im Sittengesetz an den Menschen gestellt, nicht nur Ratschläge gegeben; wo Forderungen laut werden, muß aber ein *mit Recht* Fordernder sein. Gesetze sind die ethischen *Normen*, nicht *Wunschäußerungen*; wo Gesetze gegeben werden, darf aber der Gesetzgeber nicht fehlen; Gesetzgeber, Fordernder, Verpflichter kann aber nur eine *über dem Verpflichteten stehende Macht* sein.

Nun sehen wir, daß das Sittengesetz über dem Einzelindividuum wie über der Gesamtheit steht; denn die Gesamtmenschheit weiß sich an dasselbe gebunden. Darum muß die *Ursache der Verpflichtung über die Gesamtmenschheit erhaben* sein. Die blinde, notwendig wirkende Natur kann aber denkende Menschen nicht verpflichten, so bleibt nur die eine Lösung: *die Pflicht stammt von dem, der Urheber, Herr der Menschheit ist, von Gott.*

Diesen Schluß sucht die Neuethik zu umgehen. Sie beruft sich zum Teil mit Kant auf die Autonomie des Menschen, auf die Selbstgesetzgebung. »Der Wille gibt sich selbst Gesetz« (Kant, Grundl. z. Met. d. S., S. 134). »Alle Sittlichkeit ist gleichbedeutend ... mit der freien Übereinstimmung mit dem eigenen Gesetz«. (Lipps, Die eth. Grundfragen, S. 107). »Wahrhaft moralisch ist allein die innere, die autonome Verpflichtung. Der Gute stellt sich freiwillig in den Dienst des Guten ..., er wird nicht von außen her verpflichtet, er selbst ist der Verpflichtende zugleich und der Verpflichtete« (A. Adickes, Zeitschr. für Philos. CXVI 23–24) – das ist die Sprache der Moderne. Kein Wunder, daß sie die christliche Ethik, die Unterwerfung unter einen höheren Willen Gottes und seiner Weltvertreter predigt, als unsittlich brandmarkt.

Die Hauptanklage der »Autonomen« gegen die Heteronomie (Fremdgesetzlichkeit) der christlichen Moral geht dahin, daß sie zu *wenig sittlich* sei, denn sittlich sei nur, was aus dem eigenen Innern quelle. Es sei ebenso widersinnig, meint Ed. von Hartmann, durch Heteronomie sittlich, als durch fremdes Essen fett werden zu wollen (bei Cathrein, Moralphil. I, S. 251). »Sittlich in vollem Sinne ist der noch nicht, der nicht selbst seinen Willen betätigt, sondern einem fremden Willen sich beugt«, bemerkt Dorner (Das menschliche Handeln, S. 272).

Wenn diese Aussprüche berechtigt wären, dann müßte man nicht nur die Unterwerfung des Willens unter Gottes Gesetz und kirchliche Autorität, sondern mit demselben Recht auch jede Unterwerfung unter das Staatsgesetz, unter Elterngebot, überhaupt unter jede Autorität verdammen, denn hier gelten die gleichen Voraussetzungen. Autonomie führt zur Anarchie! Wer sieht aber nicht ein, daß damit ein geordnetes menschliches Gemeinschaftsleben gänzlich unmöglich gemacht wird? Jahrtausende hat die

Menschheit diese Heteronomie als erste sittliche Forderung betrachtet und jetzt plötzlich soll sie in Unsittlichkeit verkehrt werden?

Und warum denn? Sie ist Fremdgesetzlichkeit, sie berührt das eigene Innere so wenig. Ed. v. Hartmann braucht das Bild vom fremden Essen, ein Bild, das die Nichtigkeit der gegnerischen Anklage sofort offen legt. Vom fremden Essen wirst du nicht erstarken, das ist wahr – wie aber, wenn ein anderer dir Brot reicht und du selbst es dir zubereitest und verspeisest, wirst du dann nicht gesunden? Und das ist unser Standpunkt. Gott tritt an uns heran und reicht uns das Seelenbrot seines Gesetzes, meinetwegen das Gebot: Gedenke, daß du den Sabbat heiligest. Ich vernehme das inhaltreiche Wort, ich sage mir, Gott, dein Schöpfer und Herr gebietet; für dich als Geschöpf Gottes ist es geziemend, dich deinem Herrn zu unterwerfen, du bist es deiner Würde, Natur und Stellung schuldig – und darum erfasse ich das Gebot, ich mach es mir zu eigen, ich entschließe mich frei, das Gesetz zu beobachten, weil ich diesen Gehorsam als sittlich gefordert erkenne. Es geht also der Unterwerfung ein innerer durchaus ethischer Prozeß voraus.

Das Motiv meiner Unterwerfung ist die Erwägung, daß ich als Geschöpf allen sittlichen Beziehungen gerecht werden muß, besonders auch den Beziehungen zu dem, der mir alles gab, meinen Urgrund. Das ist sittlich – unsittlich ist aber gerade die Selbstgesetzgebung, die sich Gott und seiner Autorität nicht fügen will, sie bedeutet Aufruhr! Aufruhr ward nie als sittliche Tat gebucht.

Diese Autonomie ist außerdem, von anderem ganz abgesehen, gar nicht geeignet, die Tatsache des allgemeinen Pflichtbewußtseins zu erklären. Verpflichten kann doch nur jemand, der über mir steht. Ich kann mir vornehmen, etwas zu tun, verpflichten kann ich mich nur einem höheren gegenüber, nicht mir selbst. Zudem finden wir uns als Verpflichtete vor, wir schaffen die Verpflichtung nicht, der Eigenwille ist Vollstrecker des Gesetzes, nicht Gesetzgeber.

Von der Unhaltbarkeit der individualistischen Selbstgesetzgebung überzeugt, verlegen andere Ethiker unserer Zeit den Ursprung der Verpflichtung in die *Gesamtmenschheit.* »Er, der autoritative Charakter der Pflicht«, meint Paulsen (a. a. O. S. 345), »kommt aus dem Verhältnis des einzelnen zu dem sozialen Ganzen, als dessen abhängiges Glied er sich weiß. In dem *Willen des sozialen Ganzen*, das sich in Sitte und Recht objektiviert, stellt sich ihm ein überlegener … Wille gegenüber: er fühlt sich gebunden durch die Normen, die ihm durch Sitte und Recht vorgezeichnet sind.«

Anstatt des Eigenwillens repräsentiert also der in Sitte und Recht ausgesprochene Gesamtwille den Gesetzgeber.

Aber Sitte und Sittengesetz sind doch zwei ganz verschiedene Größen, die Sitte z. B. dreimal im Tag zu essen, *kann* ich beobachten, wenn ich will; das Gesetz, den Tag des Herrn zu heiligen, *muß* ich beobachten, wenn ich auch nicht will. Die Sitte lockt, die Sittlichkeit verpflichtet. Wie will mich die Gesamtheit zu dem verpflichten, im Gewissen verpflichten? Zwingen könnte sie mich, verpflichten nicht. Und wenn die Verpflichtung nur dem Gesamtwillen entstammte, wie wollte man es denn erklären, daß auch, wenn eine Gesamtheit, wie in einem Räuberstaat, andere Sitten schafft, doch das Gewissen sich regt? Das Gewissen sagt uns, daß wir alle einem über der Menschheit Stehenden verpflichtet sind. Oder glaubt man, wenn einmal der Gesamtwille den Mord erlaubte, daß das Gewissen den Mord rechtfertigte? Die Gesamtheit weiß, daß das Sittengesetz ihr entrückt ist, es steht über der Gesamtheit, auch die höchsten Spitzen der Gesamtheit sehen sich einem Höheren gegenüber gebunden – die Verpflichtung stammt also nicht von der Gesamtheit, sonst könnte sie ja auch einmal sich zu Raub und Unzucht verpflichten, wer will das zugeben?

Das Gleiche läßt sich sagen von all den modernen Versuchen, die Pflicht empirisch zu begründen. Man sah, sagt man uns, daß gewisse Handlungen Nutzen und Freude für den einzelnen und die Gesamtheit, andere Schaden und Unlust brachten. Man gewöhnte sich allmählich an ein diesen Unterschieden entsprechendes Handeln und so auch daran, in diesem Handeln eine Schranke, eine Pflicht zu erblicken. Es wäre demnach die Pflicht nur ein Kollektivbewußtsein von der Nützlichkeit und Schädlichkeit gewisser Handlungen.

Aber die Forderungen des Sittengesetzes sind absolut. Auch wenn Unlust oder Schaden folgt, hat der Mensch sittlich gut zu handeln. Sittlichkeit ist nicht Krämergeist. Ein anderes ist der Rat: Halte Diät, wenn du gesund bleiben willst, ein anderes das Gebot: Sei ehrlich!

Angewöhnung bedingt noch keine Verpflichtung, und wenn Verpflichtung nur Angewöhnung wäre, so würde daraus folgen, daß auch das zur Gewohnheit gewordene Schlechte einmal verpflichten könnte. Wie man die Sache auch wenden mag, die Gesamtheit genügt zur gänzlichen Erklärung der Pflicht nicht. Nur ein über der Gesamtheit stehendes Etwas kann allein den letzten Grund für die allgemeine Tatsache der Verpflichtung abgeben.

Es bleiben also an sich nur zwei Möglichkeiten: die Natur oder der Schöpfer der Natur. Die Natur als geistloses, unfreies Etwas ist gewiß auch zur Lösung unserer Frage nicht geeignet. Wir werden also wiederum zur christlichen Theorie zurückgedrängt: Gott ist der Gesetzgeber, der da sprach »Du sollst«, »Du sollst nicht.«

III. Gott ist die allein durchschlagende Werbekraft der Moral.

Moralische Vorschriften darlegen, genügt nicht zum moralischen Handeln; gegen diese Vorschriften bäumen im Herzen des Menschen zu viele Sonderinteressen und Leidenschaften sich auf. »Das Fleisch gelüstet wider den Geist«. Es muß zur *Darlegung* der ethischen Normen ein *Anreiz* oder Antrieb zur Beobachtung dieser Normen hinzutreten. Darin sind christliche und moderne Ethik einig.

Die christliche Moral nun findet diesen Antrieb zur Beobachtung des Gesetzes Gottes in dem in Aussicht gestellten Lohn oder Zorn Gottes. Der »Modernen« aber erscheint ein solches Vorgehen zu wenig edel, zu »lohnsüchtig«, zu »egoistisch«, dabei zu unwirksam und unwahr. »Gesinnungsmoral, nicht Erfolgsmoral«, ist ihre Parole, und mit dem Deutschen Freidenkerbund hält sie »Bildung, Kenntnisse, gutes Beispiel und materielles Wohlergehen für bessere Erziehungsmittel als das Drohen oder Locken mit der Vergeltung in einem erträumten ewigen Leben«. (Freidenkerflugblatt Würzburg 6. III. 1910.)

Drei Einwendungen werden also gegen den Hinweis der christlichen Moral auf das Jenseits erhoben: er sei zu wenig edel, zu wenig wahr und zu wenig wirksam.

1. Ein sittliches Handeln aus Ewigkeitsrücksichten soll zu wenig *edel* sein, zu lohnsüchtig, zu egoistisch. Prüfen wir. –

Das Handeln aus *Furcht* vor Gott und seinen ewigen Strafen scheint zunächst keine wahre Sittlichkeit bewirken zu können. Aber ist denn ein Handeln aus Furcht wirklich menschenunwürdig und unedel? Wenn im Theater plötzlich ein Brand ausbricht und alles, aus Furcht umzukommen, flüchtet, wenn ein kalter Ost weht und man aus Furcht vor Erkältung sich einhüllt, wenn das Kind sich dem Ufer des Stromes naht und nun aus Furcht von der warnenden Mutter zurückgerufen wird, will man da behaupten, daß diese Handlungen alle unsittlich seien? Wenn sie unsittlich sind, dann müßten sie und derartige Taten überhaupt alle verboten werden; denn Unsittliches darf die Menschheit nicht dulden. Das wird niemand aber fordern können; denn diese Handlungen gehen aus einem durchaus einwandfreien Motiv hervor, dem *Motiv der Selbsterhaltung*. Selbsterhaltung ist aber einer der grundlegendsten moralischen Pflichten.

Wenn es aber gut und notwendig ist, sich schon vor *zeitlichem* Übel zu schützen, dann ist es gewiß sittlich gut und notwendig, sich vor einer Qual zu bewahren, die *ewig* dauert und vor einem Verlust, den alle irdischen Dinge nicht aufwiegen können. Sagt doch auch Christus: »Fürchtet nicht diejenigen, welche den Leib töten, die Seele aber nicht töten können, fürchtet vielmehr denjenigen, der Leib und Seele ins höllische Verderben stürzen kann.« Wir fürchten ja nicht nur knechtisch die *Strafe*, sondern *das Böse*, die Sünde selbst, allerdings *wegen der Strafe*, wir fürchten den *Zorn Gottes*, »die Furcht Gottes aber ist der Anfang der Weisheit«, also durchaus gut. Darum sagt auch die Schrift: »Fürchte Gott und halte seine Gebote, das ist der ganze Mensch«.

Wenn ferner die *Hoffnung* auf den Lohn im Himmel uns antreiben soll, das Gesetz zu beobachten, dann kann hierin auch durchaus nichts Tadelnswertes gefunden werden. Der Mensch ist ja seiner Natur nach zur Erlangung des vollkommenen Glückes vorherbestimmt, ebenso wie das Auge zum Sehen, das Ohr zum Hören. *Die Anlagen naturgemäß entfalten kann doch nicht unsittlich sein.* Wenn die katholische Askese Ehelosigkeit, freiwillige Armut rät, dann erhebt man gegen sie den Vorwurf, daß sie unsittlich handle, indem sie der Natur ihre Rechte verweigere, und hier, wo die katholische Moral dem natürlichen Grundtrieb nach vollem Glück gerecht werden will, da ist sie »unsittlich« oder nicht erhaben genug!

Hoffnung ist eine der Haupttriebkräfte des menschlichen Lebens. Hoffnung auf Sieg verleiht dem Soldaten Ausdauer, Hoffnung auf Entdeckung ferner Länder treibt den Nordpolfahrer in eisige Regionen, Hoffnung auf Gewinn beseelt den geschäftlichen Unternehmer sowohl wie den Landmann und niemanden fällt es ein, all das als unrecht zu brandmarken – er würde ja sonst dem ganzen menschlichen Leben seine Schwungkraft rauben – warum soll es nun plötzlich unerlaubt sein, aus Hoffnung auf ein ewiges, alles Irdische weit überragendes Glück zu handeln?

Zudem weiß doch jeder Christ, daß das Himmelsglück im Wesentlichen *im Besitze Gottes* besteht. Nach Gott verlangen wir, und um Gott zu erlangen, arbeiten wir! *Gott ist aber ein viel edleres Motiv, als alle Tugend um ihrer selbst willen erstrebt.* Unser Motiv ist um Himmelshöhe erhaben über alles, was die Neuethik uns in Aussicht stellen kann.

Handelt ferner christliche Moral nur aus Furcht und Hoffnung oder empfiehlt sie nicht das: »Du sollst den Herrn Deinen Gott *lieben* aus Deiner ganzen Seele, aus Deinem ganzen Gemüte« als das erste und größte Gebot? Und blieb die Mahnung erfolglos? Wo finde ich denn so viele Seelen, die ohne eigenen Nutzen, rein aus Liebe zu Gott, wohltätige Stiftungen machten, ihr Vermögen den Armen schenkten, sich ganz dem Herrn weihten? »Er hat mich geliebt und sich dahingegeben«. Dieser Gedanke erfaßte einen Paulus bis ins Innerste, und es hielt ihn nicht, bis er alles geopfert und alles für Christus gewonnen. Und diesen Hochgesang christlichen Tugendstrebens nehmen die nachfolgenden Geschlechter auf; ihn sangen die Chöre Gottgeweihter in ihrer einsamen Wüste; ihn die Heldenschar der Märtyrer in der Arena; er ward zum Leitmotiv all' der Millionen von Heiligen und Bekennern der Kirche.

Nichts Kleines ist also das Motiv des christlichen Tugendstrebens, sondern Gott; Gott, der zürnende, schreckt vom Bösen ab; Gott, der beglückende, lockt zum Gebotenen an; Gott, der liebende, zieht die Seele mit Gewalt, alle irdischen Bande abzustreifen, Schwingen zu nehmen gleich dem Adler und ihm, dem Höchsten, zuzueilen. Ein Beweggrund, wie er erhabener gar nicht gedacht werden kann!

2. Aber ist das Ewigkeitsstreben auch genügend *begründet*? Man spricht vom Drohen und Locken mit einem »*erträumten* Jenseits«.

Die Antwort hierauf ist bereits erfolgt: im ersten Heft dieser Serie von Vorträgen wurde erwiesen, daß es einen überweltlichen, persönlichen Gott gibt, im vierten, daß die Menschheit nach dem Tode weiterleben muß. Damit ist Lohn und Strafe im Jenseits gegeben.

Jeder Gesetzgeber verhängt Strafen auf die Übertretung seiner Gesetze und er muß es; denn wie wäre es sonst möglich, seinen Worten Nachdruck zu verleihen?

Die Macht irdischer Gesetzgeber reicht nur bis zu ihrem Tode. Gott, die ewige Macht, aber umfaßt wie die Sonne am Himmel die diesseitige und jenseitige Hemisphäre. Gott ist in der Ewigkeit, der Mensch lebt weiter in der Ewigkeit, darum ist eine Belohnung oder Bestrafung im Jenseits auf jeden Fall möglich. Wer könnte das leugnen?

Sie ist mehr als möglich, sie ist gewiß. Wenn Gott Gesetze gibt und der Mensch sie übertritt, dann kann und darf Gott sich das nicht bieten lassen. Er muß strafen.

»Aber«, sagt man, »hienieden findet die Tugend ihren Lohn, das Laster seine Strafe.«

Nicht leugnen will ich, daß das oft der Fall ist, aber immer? Wo finden denn die vielen Blinden, Lahmen, Kriegsinvaliden, die vielen gedrückten Gattinnen, gemarterten Kinder, ihrer Ehre und ihres Vermögen grausam Beraubten hienieden ihren Lohn? Und finden all die Hochstapler, Mädchenhändler, Verführer, Tyrannen hienieden ihre Strafe? Sagt nicht der Volksmund: »Die kleinen Diebe hängt man, die großen läßt man laufen?« Und vernimmt man nicht oft genug die Klage, daß den Gottlosen hienieden alles nach Wunsch geht, während das redliche Bemühen der Guten von stetem Mißerfolg begleitet ist? Gewiß ist es, daß nur ein Teil der Bösen hier seine Strafe findet, nur ein Teil der Guten hienieden einen Lohn; wäre es denn gerecht von Gott, wenn die andern leer ausgingen? Und wäre es mit seiner Heiligkeit vereinbar, daß er das Gottwidrige überhaupt nicht verfolgte?

Doch abgesehen von alledem: man übersieht bei diesem Einwand ganz und gar, daß Lohn und Strafe nicht nur da sind, die *geschehene Tat* zu berichtigen, sondern vor allem, *auf die noch zu geschehenden* Taten im Sinne der sittlichen Ordnung einzuwirken. Die Sanktion des Gesetzes soll in erster Linie zur Beobachtung des Gesetzes antreiben, nicht den Durchbruch des Gesetzes wieder gut machen.

Wer immer das Recht besitzt, Befehle und Gesetze zu erlassen, muß auch die Macht haben, seinen Willen durchzusetzen. Wie könnte ein Vater seine Kinderschar, ein Lehrer seine Schule, ein Feldherr seine Truppen, ein König seine Untertanen regieren, wenn jene alle den Befehlen ungestraft trotzen könnten?

Wie wird nun der Nachdruck auf Befehl und Gesetz gelegt? Doch wohl durch Hinweis auf Lohn oder Strafe. Vater und Lehrer drohen mit der Rute, Feldherr und König mit Arrest und Tod!

Selbstverständlich, daß auch der König der Könige, Gott, seine Kerker wie seine Kronen zur Verfügung hat. Gottes Sanktion muß nun einer doppelten Anforderung gerecht werden, sie muß einerseits *genügende Motive* für das sittliche Handeln abgeben und darf dabei doch anderseits *die Freiheit* des Menschen nicht aufheben; denn mit der Freiheit wäre ja die Möglichkeit, sittlich sich zu betätigen, überhaupt genommen.

Selbstverständlich ist es auch, daß nur *ewige* Güter und *ewige* Strafen als Sanktion ausreichen; denn das Sittengesetz ist unter allen Umständen verpflichtend – nie darfst du die Unwahrheit sagen, nie einen Ehebruch verüben. Die sittlichen Imperative sind kategorische Weisungen. Sittengesetze sind absolute Gesetze.

Wenn ich aber das Sittengesetz *unter allen Umständen* zu beobachten habe, dann kann es vorkommen, daß ich *eher alles Irdische*, mein Ansehen, mein Vermögen, mein Leben preisgeben muß, als nur *einer* Übertretung der Gebote Gottes mich schuldig zu machen. Wie oft waren und werden nicht Menschen in diese Lage versetzt! Denken wir an Thomas Morus, an die Märtyrer aller Zeiten, an die katholischen Beamten zur Zeit des Kulturkampfes!

Wären nun die auf Übertretung des göttlichen Gesetzes stehenden Strafen leichter als irdische Verluste – dann könnte ja der Mensch in solchen Lagen sagen: Gut, dann wähle ich lieber das Leben und verachte das Gesetz und seine viel geringere Strafe.

Es müssen also die auf Gottes Gesetz stehenden Belohnungen oder Strafen höher sein als alles Irdische. Höher als das Irdische steht nur das

Jenseitige; so weist uns die Logik auf eine jenseitige Sanktion des Sittengesetzes hin.

Die jenseitige Strafe aber muß eine *ewige* sein. Warum nicht? *Ungerecht soll es sein*, eine kurz dauernde Sünde ewig zu strafen? Aber richtet sich denn die Dauer der Strafe nach der *Dauer* der Sünde und nicht vielmehr nach ihrer *Bedeutung*? Nur einen Augenblick dauert die Tat des Anarchisten, der eine Bombe in einen königlichen Hochzeitszug hineinschleudert, soll er nur einen Augenblick bestraft werden?

Die Größe des Frevels ist ausschlaggebend, nicht die Dauer. Die schwere Sünde ist ein *unendlich großer* Frevel. Die Größe einer beleidigenden Tat richtet sich ja u. a. besonders nach dem Abstand zwischen dem Beleidiger und dem Beleidigten. Nennt ein Rekrut einen Mitrekruten »Lügner«, so wird ihm das bald verziehen; hält er dasselbe Wort seinem Hauptmann entgegen, wird er schwerer bestraft; würde er seinen obersten Kriegsherrn mit dem gleichen Schimpfwort bedenken, so würde er des Majestätsverbrechens angeklagt und noch schwerer zu büßen haben. Und doch ist die Tat, an sich betrachtet, die gleiche, der Abstand entscheidet über ihre Bedeutung.

Der Abstand zwischen dem gesetzgebenden Gott und dem gesetzübertretenden Menschen ist aber unendlich, darum schließt die Sünde eine unendliche Bosheit in sich, die unendliche Bosheit verlangt eine unendliche Strafe und, da diese dem Maß nach nicht unendlich sein kann, muß sie der Dauer nach ohne Ende sich ausdehnen.

Unbarmherzig soll die ewige Strafe sein? Aber hat der Übertreter des Gesetzes sie nicht selbst gewollt? Er konnte das Gesetz beobachten, Gott hatte ihm genügende Mittel gegeben, hatte ihn gemahnt und gewarnt, hatte ihm alles vorausgesagt, und wenn er nun dem Sünder die mit offenem Blick und freiem Willen heraufbeschworene Strafe zuteil werden läßt, dann soll das unbarmherzig sein? Ein König fordert den Vasallen zum Feldzug auf, sagt ihm: Wenn du mir folgst, ist ein Fürstentum dein, wenn nicht, ein Kerker. Wenn nun der Vasall eigenmächtig das Fürstentum ablehnt, ist es unbarmherzig vom König, wenn er es ihm *nie* zuteil werden läßt? In der schweren Sünde verzichtet der Mensch auf Gott und seinen Himmel; wer will nun Gott anklagen, daß er ihm beides nicht gibt? Gott gab dir zwei Arme; wenn du einen freventlich abhaust, wie willst du Gott belangen, daß er dir keinen neuen wachsen läßt? Wer aber Gott im Jenseits verloren hat das Licht verloren, Schönheit, Glück und Frieden, das ist ja einer der wesentlichen Bestandteile der ewigen Verbannung.

Gerade weil Gott gütig und barmherzig ist, darum muß er mit einer ewigen Strafe und dem Verlust einer ewigen Belohnung drohen, Gott muß die *Menschen vor einander* schützen. Durch Mord, Diebstahl, Ehebruch, Gewalttat werden Menschen, zumal die Guten, geschädigt. Darf Gott nun solchen Greueln untätig zuschauen? Müßten dann nicht alle Edlen sich empören, daß Gott sie rücksichtslos den Launen der Bösen überließe? »Sage mir«, bemerkt treffend der hl. Chrysostomus »wenn jemand alle Lasterhaften aller Arten versammelte, sie mit Schwertern bewaffnete und dann befähle, die ganze Stadt zu durchlaufen und jeden ihnen in die Hände Fallenden niederzumetzeln, wäre das menschlicher? ... Wenn aber ein anderer alle jene Lasterhaften bände, einkerkerte, wäre das nicht eine menschenfreundliche Tat? Wende das auf das Gesetz an ...«. (16. Säul. Hom.)

In der Tat, mit seinem Gesetz und seiner Drohung fesselte Gott alle bösen Leidenschaften mit einem starken Band; wer die Strafe nimmt, entfesselt alle Leidenschaften und läßt sie wie eine wilde Meute auf die Menschheit los. Wo bleibt da Sicherheit, wo Ruhe und Ordnung?

Wer ferner alles aufbietet, um der Menschheit zu ihrem wahren Glück zu verhelfen, der handelt gewiß gut und edel. Tut Gott das nicht auch mit seiner Drohung? »Nicht weniger als das Himmelreich«, sagt derselbe Kirchenlehrer, »offenbart die Androhung der Hölle seine (Gottes) Güte. Und wie? Wenn er mit der Hölle nicht drohte, ... so würden nicht viele des Himmelreiches teilhaftig werden; denn das Versprechen von Gütern ruft nicht so erfolgreich die Mehrzahl zur Tugend auf als die Androhung von Übeln« (7. Säul. Hom. 2).

Nur zu wahr. Beides: Versprechen des Himmels und Drohung mit der Hölle führt zu Gott. Gott ist aber das einzige Glück des Menschen; ist nun die Drohung mit der Hölle nicht ein Ausfluß der Barmherzigkeit des Herrn?

Aber für den Übeltäter selbst ist die Strafe zu groß. Gott könnte ihn ja *vernichten*. Ja, er könnte es, wenn er nur allmächtig, nicht auch allweise und allheilig wäre.

Das Eine ist doch gewiß, Gott muß auf Anerkennung seiner Autorität bestehen. Ein Gott, der sich alles gefallen ließe, würde uns nicht gefallen. Wenn nun der Mensch der Vernichtung anheimfiele, würde er sich dann um Gott überhaupt kümmern, dann, wenn heftige Leidenschaft ihn drängt? Er würde hintreten können und sagen: »Gott gebiete nur, drohe nur, ich entgehe Dir doch.« Der Gedanke an das Nichts würde nicht von der Sünde abschrecken, sondern sie eher befürworten.

Gott muß aber darauf bestehen, daß der Mensch sich ihm unterwirft, ihn anerkennt; erkennt er die Güte nicht an, dann muß die Gerechtigkeit ihn dazu zwingen – aber nur eine ewige Strafe ist dazu imstande, dann, wie gesagt, würde der Sünder mit dem »ich entgehe Gott schließlich doch« sich in seinem gesetzwidrigen Verhalten bestärken.

»Aber Hoffnung auf den Himmel und Furcht vor der Hölle schrecken auch nicht immer von der Sünde ab.« Abschrecken tun sie stets, ganz die

Sünde hindern nicht, mit seinem freien Willen kann sich der Mensch über alles hinwegsetzen; es handelt sich aber hier nicht um die Frage, ob die ewige Sanktion tatsächlich jede Sünde *unmöglich* macht, sondern ob sie – *vorausgesetzt, daß die Freiheit des Willens gewahrt bleibt* – *fähig* ist, von der Sünde abzuhalten. Sie ist es.

Und nur sie, die Freidenker, betrachten allerdings Bildung, Kenntnisse, gutes Beispiel und materielles Wohlergehen für bessere Erziehungsmittel.

Wir wollen nicht leugnen, daß manche von diesen Faktoren auch Einfluß auf das sittliche Verhalten haben können, leugnen müssen wir, daß sie aus sich *genügend* sind, es *unter allen Umständen* zu sichern.

Reichen denn Bildung und Kenntnisse aus? Dann müßten ja die obersten Kreise gerade die reinsten, demütigsten, treuesten, wahrhaftigsten sein. Ist das der Fall? Man denke an unsere letzten Prozesse – an das alte Rom!

Und materielles Wohlergehen soll ein Antrieb zur Beobachtung des Sittengesetzes sein? Aber liegen diese beiden denn nicht oft genug mit einander im Streit? Wenn materielles Wohlergehen eine genügende Sanktion der Ethik wäre, dann müßten Börsenbarone und Erpresser ja zugleich die größten Heiligen sein.

Wer weiß nicht, daß trotz aller Kenntnisse, Erfolge und Bildung der Mensch im Ansturm der Leidenschaften einer festeren Sicherung bedarf? Erhöhte Kenntnisse ohne erhöhte innere Festigkeit sind, um einen Ausdruck Försters zu gebrauchen, eine besser gearbeitete Laterne in der Hand des Diebes. Und daß nicht erhöhte »Kultur« eine erhöhte Sittlichkeit bedingt, besagt die Geschichte der alten wie heutigen Völker zur Genüge. (Vergleiche den Vortrag II). Die heutige Bildung sanktioniert die ethischen Gesetze nicht, sondern bildet sie nach Belieben um. Die Moral ist ja nach Paul Heyse nichts weiter als die Quintessenz dessen, was in einem Zeitalter für anständig gehalten wird. Heldennaturen springen über die Schranken hinweg. (Briefe an Frau Tout le Monde 111.)

Unsere Zeit besitzt ja Kulturgüter, Mammon, Kunst, Bildung, Ehrengerichte in Menge – ist sie darum moralisch hochstehend? Was sagen die 180 000 Kinder, die in Deutschland allein jährlich, mit dem Brandmal der Sünde bezeichnet, das Dasein betreten? Was die in die Hunderttausende, vielleicht 1½ Millionen zählenden Dienerinnen der Unzucht, was die jährlich in Deutschland verurteilten 55 000 jugendlichen Verbrecher, was die 196 000 Geschlechtskranken, die im Jahre 1900 in den öffentlichen Krankenhäusern Deutschlands gepflegt wurden, von den 30–40% geschlechtskranken Soldaten und 33–69% Studenten gar nicht zu reden? Was soll ich sagen von den erschreckend um sich greifenden Perversitäten, dem weißen

Sklavenhandel, der Engelmacherei, dem Rückgang der Geburten? Was von den Schönheitsabenden, den obszönen Tänzen? Ist doch die Klage allgemein: So kann es nicht weiter gehen! Woher nun der Jammer? Die Bildung, weltliche Kultur, nahm doch zu! Ja, aber die Religion mit ihren Ewigkeitsgedanken nahm ab, die Welt vergaß das Schriftwerk: »Denk, o Mensch, an deine letzten Dinge, und du wirst in Ewigkeit nicht sündigen!«

Nicht alle hat die Religion vom Bösen abgeschreckt; aber wer wollte es leugnen, daß sie allein es war, die auf die Massen aller Zeiten den sittigendsten Einfluß ausübte? Die Furcht vor den Göttern oder Gott war es, die in allen Gesetzbüchern anklingt und dem Leben Halt bot. Habe ich keinen Himmel zu hoffen, keinen Gott zu fürchten, auf kein Weiterleben nach dem Tode zu rechnen, was soll mich dann abhalten, mich hienieden ganz auszuleben und durchzusetzen?

Man gibt vor, der Menschheit einen Dienst erweisen zu wollen, indem man sie von der Angst vor der Hölle befreit. Ja, man läßt alle Leidenschaften von der Kette los und hetzt sie auf die Menschheit, man richtet wieder ein Henkermahl an, wie zur Zeit der französischen Revolution; ist das eine Wohltat? Man löscht das Licht aus, das die unheimlichste Klippe aufdeckt, man verschließt dem Menschen den Weg zum wahren Glück, ist das eine Wohltat? Man reißt die Warnungstafel am Abgrund, die Barrieren an der Bahn nieder, den Totenkopf an der Giftflasche herunter – um dem Menschen die Furcht zu nehmen; ist das wirklich weise und edel gehandelt?

Wenn es eine Hölle gibt, da sollte es menschenfreundlich sein, diesen Abgrund zu verdecken und alle auf den Weg zu locken, dessen Abschluß Verderben ist? Dann war auch die Tat des Rattenfängers von Hameln der menschenfreundlichsten eine. Nein, das ist grausam. Menschenfreundlich ist es von der christlichen Ethik, wenn sie sich den im Sinnesrausch dahin Tollenden mit der roten Signallampe entgegenstellt und ein unerbittliches »Halt, nicht weiter!« zuruft.

Wer verurteilt nicht den grausamen Nero, der seiner eigenen Mutter eine herrliche Barke baute, sie eines Abends auf das Schiff lockte und auf hoher See eine verborgene Falltür öffnete, so daß die Mutter in den Wogen versank? Handelt die Diesseitsethik nicht grausamer? Sie stattet der Menschheit ein bequemes, sehr bequemes Schiff zur Fahrt des Lebens aus, sie musiziert und tanzt – aber das Schiff birgt eine unheimliche Gefahr in sich: die Falltür, und sie heißt Tod – und das Ende – *Ewigkeit.* Ist es nicht grausam, darüber hinwegzutäuschen?

Wohl mag die Moderne die Ewigkeitsgedanken als lästig abweisen, die Ewigkeit selbst bleibt. Auch sie mag sich das Wort gesagt sein lassen, das einer der Makkabäischen Märtyrer zum gottvergessenen Antiochus sprach: »Du, Ruchloser, rühmst dich umsonst deiner Bosheit und deines Übermutes, denn noch nicht bist du entflohen dem Gerichte des allmächtigen und allwissenden Gottes«.

Ja, vielem mag die Moderne entfliehen, sie mag entfliehen der Kirche, mag entfliehen dem weltlichen Gerichte, mag entfliehen den Vorwürfen des eigenen Gewissens, einem ist sie noch nicht entflohen: dem Gerichte des allmächtigen und allwissenden Gottes, und dem entgeht sie nicht. Furchtbar aber ist es, in die Hände des lebendigen Gottes zu fallen.

So führt die Sanktion der Ethik wiederum auf Gott zurück, Gott ist der Ursprung der Ethik. Gott die Norm, Gott der letzte Halt. Moral ohne Gott ist ein Leib ohne Seele.

»Eine Spinne«, so erzählt der Dichter Jörgensen, »ließ sich an einem Faden herunter von einem Ast; nun eilte sie hin und her und spann ihr kunstvolles Netz. Lange lebte sie gesichert in ihrer Behausung; da stieß sie auf ihren kleinen Rundreisen eines Tages wieder auf den ersten Faden. Sie hatte seine Bedeutung vergessen und – biß ihn ab – und ihr ganzes Haus stürzte zusammen.«

Von Gott kam die Menschheit, und um den Gottesgedanken baute sie ihr geistiges und ethisches Gebäude – sie zerstört den ersten Faden, und mit ihm sinkt ihr ganzes Haus in Trümmer. Der Ethik letztes Wort lautet: »Ich bin der Herr, dein Gott, du sollst keine fremden Götter neben mir haben.«

Schlusswort.

In Babylon war es. Hell strahlten die Lichter des Königspalastes ins Dunkel hinaus. Im Innern sah man den Herrscher Belisar an festlich geschmückter Tafel, um ihn in goldstrotzender Uniform die Großen des Reiches, die Königin mit ihrem Hofstaat in rauschenden Gewändern. Man aß und trank, spielte und tanzte. Und als der Wein das Blut in Wallung gebracht, da erreichte der Frevel seinen Höhepunkt. Belisar ließ sich die aus dem Heiligtum in Sion geraubten hl. Gefäße bringen, ließ sie mit perlendem Wein füllen und reichte sie seinen Gästen. Und sie tranken alle daraus und jeder pries seinen Götzen. Da erschien eine geheimnisvolle Hand und schrieb an die Wand: Mane, Thekel, Phares.

Man erblaßte, die Kniee schlotterten. Ein Signal ertönt, Rufe werden laut, Krieger stürzen mit gezücktem Schwert in den Saal, morden König und Königin, Feldherren und Hofdamen und, wo vor einigen Minuten noch Gotteslästerung und Weltlust ihr frivoles Spiel trieben – da sah man jetzt Blut, Leichen – Tod.

Ein Babel ist unsere Zeit; ein festliches Bankett hat sie bereitet. Nicht genug der Sündenlust und des Frevels früherer Zeiten, benutzt sie heute noch die religiösen Überlieferungen zu ihrem gottlosen Spiel. Jeder preist seine Götter und höhnt den Höchsten. Zahllos sind die Idole des Jahrhunderts. – Mag sie höhnen, kommen wird auch für sie die schreibende Hand, die unter Sternensturz und Himmelsdonnern in Flammenschrift an den Horizont die Worte setzt: Mane, Thekel, Phares. Kommen wird Christus auf den Wolken, und die falschen Götter werden stürzen. »Dann«, hat er zu den Guten gesagt, »erhebet euer Haupt, dann naht eure Erlösung«. Wir lassen es uns gesagt sein. Mag die Moderne sich den Idolen zuwenden, uns gilt als Leitstern das Wort: »Fürchte Gott und halte seine Gebote, das ist der ganze Mensch.«

9 789356 703940

Printed at Repro India Ltd.